VIENTO

Anna Skowrońska

Ilustración y diseño gráfico
Agata Dudek - Małgorzata Nowak

JUVENTUD

AIRE EN MOVIMIENTO, O CÓMO SE FORMA EL VIENTO

A nadie se le ocurriría la idea de transportar polvo del desierto del Sahara a otro continente. Pero el viento levanta nubes de polvo del desierto y las empuja hasta América, sobrevolando el océano Atlántico. Tal vez nunca has prestado mucha atención al viento, ya que no se puede ver ni tocar. Pero es el viento el que, al mover las nubes, la humedad o el aire seco y caliente, genera el clima. En algunos lugares de la Tierra, el viento sopla constantemente de manera similar, y en otros solo sopla en ciertas épocas del año. Tiene muchas funciones distintas en la naturaleza. Transporta el polvo o el polen de las plantas a cientos de kilómetros. Esculpe rocas. También puede arrancar techos y romper ramas. Es una fuente de energía. Gracias a él podemos generar electricidad, practicar *kitesurf*, navegar en velero o volar en globo o en planeador.

¿Cómo se forma el viento? El aire está compuesto por millones de partículas invisibles que se mueven constantemente en diferentes direcciones. Cuando el aire es más denso, sus partículas se concentran más, y si es menos denso, están más dispersas. Si dos de esos aires se encuentran, las moléculas se moverán hacia donde haya más sitio. Este movimiento se llama viento.

¿Y por qué el aire es más denso en algunos lugares que en otros? Por su temperatura. Cuanto más caliente, más rápido se mueven sus partículas y, por tanto, ocupan más espacio. Este aire se expande, se hace menos denso. El Sol calienta la Tierra todos los días, pero en algunos lugares brilla más que en otros, por lo que se crean diferencias de temperatura y, como consecuencia, aparece el viento.

La presión atmosférica
El aire tiene su propio peso. Cuanto más denso es, más pesa y más presión ejerce. Imagina dos latas idénticas llenas de aire. La lata con el aire más denso pesa más que la lata de aire menos denso. Cuando el aire en un lugar es más denso que el aire que le rodea, hablamos de área de alta presión atmosférica, y si es menos denso, hablamos de baja presión atmosférica.

LO QUE EL VIENTO SE LLEVA

Tierra, arena, polvo

En muchas partes del mundo, donde el suelo es seco y yermo, el viento arrastra con facilidad las partículas de arena y tierra, y se las lleva a cientos de kilómetros de distancia. El polvo del desierto de Gobi se puede encontrar en el aire sobre Japón, Corea e incluso California. Los habitantes del sur de España, Grecia e Italia, inhalan polvo del Sahara al menos una vez al mes. Este polvo dificulta la respiración y, a veces, puede causar enfermedades del aparato respiratorio superior.

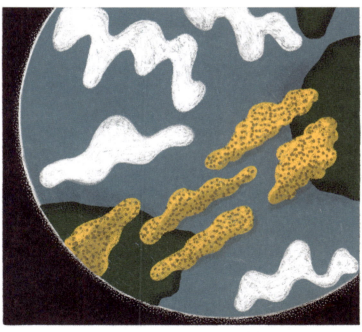

La Organización Meteorológica Mundial ha abierto centros de investigación especiales que observan cómo viaja el polvo con el viento, hacia dónde va con mayor frecuencia, qué contiene, dónde cae y qué impacto tiene en el medio ambiente y en la salud de la gente. Estos estudios cada vez se intensifican más, porque los científicos ya saben que el polvo del desierto y de las estepas transportado por el viento puede mantenerse en el aire durante mucho tiempo y afecta no solo a la salud, sino también al tiempo y al clima. Por ejemplo, el polvo en las nubes puede causar el reflejo de la luz solar o contribuir a la formación de lluvia. Los australianos, para colaborar con su Centro Meteorológico, crearon la organización DustWatch, cuyos voluntarios monitorean los movimientos del viento y el polvo en docenas de lugares. Muchos de ellos son agricultores preocupados porque el viento está dañando sus cultivos y arrastrando las capas más fértiles de suelo. En Estados Unidos se ha creado una *app* de móvil que permite colgar fotos de tormentas de polvo. Estas fotos, a las que se pueden adjuntar comentarios, llegan a los ordenadores de científicos que las comparan con la información del satélite y de los centros de investigación meteorológica.

El viento puede transportar al año millones de toneladas de polvo de África a grandes distancias. Ocurre así: en el desierto, una tormenta de arena levanta nubes de polvo, que, con el aire caliente, se elevan a un altura de varios kilómetros. Allí, las corrientes de aire las conducen por encima del Atlántico, hacia Sudamérica, Estados Unidos y Europa. Las moléculas de arena del desierto son casi invisibles, pero transportadas por el viento forman grandes masas que se pueden observar en las fotos de satélite. Los científicos estadounidenses observan cómo el polvo viaja sobre el Atlántico y llega a la selva amazónica. Comprueban en qué dirección se dirige, dónde y en qué cantidad cae, y también cuál es su composición. Así descubrieron que contiene fósforo, un alimento esencial para las plantas. Y en los bosques vírgenes del Amazonas hay escasez de fósforo porque las fuertes lluvias y las inundaciones lo arrastran. La brisa del Sahara repone estas deficiencias, llevando alrededor de 27 millones de toneladas de polvo cada año.

El viento del desierto no solo transporta polvo, sino también arena. Sus granos son más pesados, por lo que no se elevan tanto y recorren distancias más cortas. De esta manera, se forman unas acumulaciones llamadas dunas. Algunas de las más grandes se encuentran en el desierto de Gobi en China y llegan a superar los 400 m de altura. La duna más grande de Europa es la duna de Pilat situada en el suroeste de Francia y mide más de 100 metros. En el desierto del Sahara algunas dunas llegan a los 200 metros...

En el desierto Blanco de Egipto se elevan unas formaciones rocosas. Parecen unas enormes setas o esculturas imposibles. Pero no fueron cinceladas por la mano humana, sino que el viento, golpeando esas rocas con la arena, pulió y moldeó su forma durante mucho tiempo. Este efecto del viento se llama **erosión**.

Ceniza volcánica

En 2010, el volcán Eyjafjallajökull entró en erupción en Islandia. Los agricultores locales lograron escapar antes de que el agua del glaciar fundido llegara a sus hogares. Primero, la ceniza oscureció el cielo y luego cubrió las casas, calles y granjas con una capa gruesa. El viento levantaba nubes de humo y **ceniza volcánica** a varios kilómetros de altura, y desde allí las empujaba hacia el este. Esto llevó al cierre del espacio aéreo en gran parte de Europa. Los aeropuertos cancelaron los vuelos uno tras otro, y los pasajeros que esperaban para embarcar no podían entender la razón, ya que cielo se veía despejado y brillaba el sol. Sin embargo, a la altura de las rutas de vuelo había ceniza volcánica suspendida en el aire que habría podido dañar los motores de los aviones.

Semillas de plantas y polen

Cuando las flores amarillas del diente de león se marchitan, el viento esparce sus **semillas** y puede llevarlas a más de 100 km. Sopla una bola de semillas del diente de león para ver cómo salen volando como pequeños molinillos y planean para finalmente caer al suelo. Gracias al viento, las semillas tienen la posibilidad de sobrevivir y germinar. En mayo y junio, aparecen en los charcos unos sedimentos amarillos: es el polen de pino. Contiene unas burbujas de aire especiales que lo ayudan a permanecer flotando en el aire durante mucho tiempo y volar lejos. Las plantas, para reproducirse, necesitan sembrar las semillas. Unas pocas saben apañárselas solas, el resto necesita ayuda.

Animales

Las **arañas** utilizan el viento para viajar. Recorren muchos kilómetros agarradas a los hilos de su telaraña.

También las **aves** aprovechan el viento para vuelos largos. Son auténticas maestras del vuelo. Se levantan en el aire de diferentes modos: a veces saltan y baten sus alas con fuerza, o toman velocidad como un avión en una pista de despegue, o se arrojan por un acantilado y se incorporan en el viento. El secreto de su vuelo se encuentra en la forma de sus alas: el borde frontal es grueso y redondeado, mientras que el borde trasero es delgado. Las plumas, a su vez, detienen o dejan pasar el aire, según las necesidades. Gracias a ello, las aves no tienen que batir sus alas todo el tiempo durante el vuelo. Cuando planean, es decir, cuando flotan con el viento, no las mueven, y así ahorran la energía. Los albatros pueden planear durante horas, aprovechando las corrientes de aire sobre el mar. Primero, utilizan el aire caliente que se eleva para alcanzar cierta altura. Luego dibujan círculos cerrados, elevándose más y más alto, y corrigen la dirección de su vuelo solo con movimientos suaves de la cola y de las alas. A menudo, con esta técnica, alcanzan una altura de varios miles de metros. Una vez arriba, toman la corriente de aire adecuada para emprender su largo viaje. Algunas aves migran de esta manera, huyendo del invierno del norte y del caluroso verano del sur. Suelen volar en una bandada formando una V: el primer pájaro marca el ritmo y los demás se adaptan a él y utilizan el "corredor aéreo" que les facilita el vuelo. Viajan día y noche, encontrando su camino guiados por las estrellas y la posición del sol.

ACERCA DE LAS TORMENTAS TROPICALES

En el ojo del huracán

Se acercaba el huracán Dorian. Soplaba un viento fuerte. Sean Cross se adentró en las densas nubes y lluvia. El avión Kermit entraba de vez en cuando en turbulencias, brincando como si fuera sobre baches. Sus cámaras filmaban un remolino blanco y gris en el exterior, y los sensores medían temperatura, presión y velocidad del viento. El ordenador procesaba todos los datos al instante y los enviaba a tierra. En un momento dado, la tripulación del

Kermit soltó las sondas, que cayeron lentamente en paracaídas y, antes de desaparecer en las profundidades del océano, enviaron información precisa sobre cómo el viento, la presión y la temperatura cambiaban con la altitud. De repente, el avión salió de las nubes. El piloto, cegado por los rayos de sol, miró el cielo azul. Estaban en el "ojo del huracán", en su mismo centro, donde casi no había viento. Al rato, las nubes lo rodearon de nuevo. Los datos transmitidos por Kermit fueron cruciales para los meteorólogos: ayudaron a determinar cómo se movería el huracán y dónde golpearía con mayor fuerza.

Aviso

Hasta hace menos de cien años, los estadounidenses se enteraban de la llegada de un huracán cuando ya era demasiado tarde para huir. Estaban completamente indefensos. Hoy en día, los satélites están equipados con dispositivos especializados que estudian las características más diversas de la atmósfera: la velocidad del viento sobre la superficie del océano, la densidad y la forma de las nubes, y la humedad del aire. La información es muy precisa. Mientras que los datos llegan desde el espacio, un verdadero ejército de especialistas trabaja en la tierra. Los cazahuracanes, como la tripulación del avión Kermit, recopilan información directamente de las nubes del interior de los huracanes. Los meteorólogos lo analizan todo para comprender mejor estos fenómenos. Solo entonces pueden calcular dónde, cuándo y con qué fuerza golpeará, y alertar a la población para salvarla de la catástrofe.

Los ciclones tropicales, huracanes y tifones son los mismos fenómenos atmosféricos. Tienen diferentes nombres según su fuerza y dónde se formen. Los huracanes se generan sobre el océano Atlántico o el Pacífico Oriental. Su nombre proviene del dios maya del viento y las tormentas: Huracán. Los ciclones tropicales se forman sobre el océano Índico y los tifones sobre el océano Pacífico Occidental.

Cuando el ciclón llega a la costa

Visto desde el espacio, un ciclón es un enorme remolino de nubes blancas de varios cientos de kilómetros. Parece inofensivo e incluso hermoso. Sin embargo, puede destrozar una casa de estructura endeble, desplazar un coche o destruir una gasolinera... Y aún peor: si llega a la orilla, puede empujar enormes masas de agua oceánica tierra adentro. En un abrir y cerrar de ojos, el océano puede irrumpir en un jardín, una casa o un aula con una fuerza tremenda. Las olas, a menudo más altas que un edificio de varios pisos, lo arrasan todo a su paso. Ellas son justamente las que causan el mayor daño.

15

Así como el coche funciona con gasolina o gasóleo, el combustible de un huracán es el agua caliente del océano. Tiene una cantidad de energía inimaginable que transfiere a las moléculas de aire y las calienta. Este aire cálido y húmedo se eleva, y en el lugar que deja, encima de la superficie del océano, se forma una zona de baja presión y el aire es menos denso. Inmediatamente las masas de aire frío lo aprovechan: fluyen hacia el centro y comienzan a girar y girar (efecto Coriolis). También obtienen energía del océano. Se calientan, absorben la humedad y flotan en un remolino constante, creando una espiral invisible.

Con la altura, la temperatura baja y, por eso, a cierta altura, estas masas de aire arremolinadas se enfrían. Entonces, el vapor de agua se condensa y se forman nubes. Giran en el sentido de las agujas del reloj en el hemisferio sur y en el sentido contrario en el hemisferio norte. Girando cada vez más rápido, crean en su centro una zona sin viento ni nubes, «el ojo», donde hay una presión muy baja. En cambio, alrededor del «ojo» es donde el viento sopla más fuerte y se producen aguaceros. La fuerza de un huracán depende de la temperatura del agua, y de su superficie y profundidad.

Efecto Coriolis. Quizá te preguntes por qué las nubes de tormenta se arremolinan y qué las hace girar en un sentido diferente en el hemisferio norte que en el hemisferio sur. Seguramente sabes que la Tierra es una esfera y gira alrededor de su eje a una velocidad constante que los físicos llaman «de rotación». Sin embargo, un punto ubicado en el ecuador se mueve más rápido que uno cerca del polo, porque tiene que recorrer una distancia más larga en un período de 24 horas. A medida que la Tierra gira de oeste a este, el viento que sopla hacia el norte desde el ecuador no va directamente hacia el Polo Norte, sino que se desvía ligeramente hacia la derecha. Lo mismo ocurre con el viento que sopla desde el norte hacia el ecuador. Del mismo modo «se curvan» las aguas, las corrientes marinas y las corrientes de aire. En el hemisferio sur, se desvían hacia la izquierda. Este fenómeno lo llamamos el efecto Coriolis, en honor al físico e ingeniero francés Coriolis que vivió hace más de 150 años.

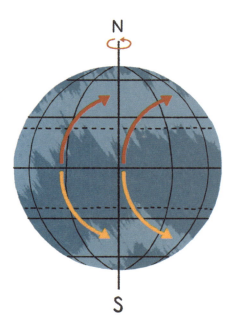

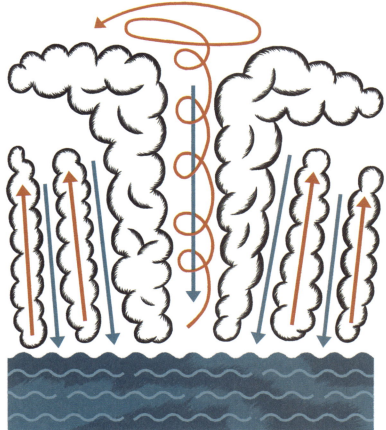

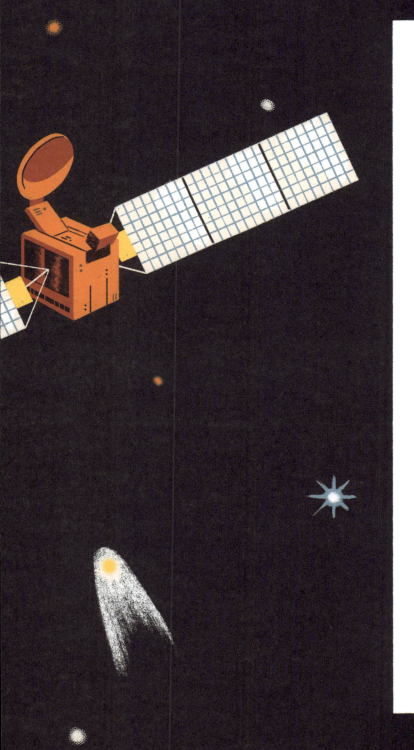

¿Qué se necesita para que se forme un ciclón tropical? El agua del océano debe estar a una temperatura superior a los 27 °C y calentarse al menos hasta 50 metros de profundidad. Las masas de aire deben alcanzar una temperatura y humedad que les permitan producir nubes de tormenta elevadas y crecientes. Los meteorólogos llaman a este movimiento vertical de aire «convección». Todo esto debe suceder al menos a 500 kilómetros del ecuador, porque en el ecuador el valor del giro de la Tierra es cercano a cero. Por ello no habrá efecto Coriolis y las masas de aire que fluyen hacia el centro del sistema no girarán.

Los ciclones tienen nombre

¿Conoces a alguien que se llame Víctor, Irma o Patricia? Los ciclones tropicales también tienen nombre propio. A finales del siglo XIX en Australia, el meteorólogo Clement Wragge comenzó a dotar de nombre a los vientos intensos. Primero los identificaron con letras del alfabeto, luego con nombres de dioses mitológicos, de personajes históricos e incluso de políticos (aparentemente, de los que no le caían bien). Más tarde, las tormentas recibieron nombres muy técnicos que eran difíciles de recordar. Pero a medida que mejoró la capacidad de alertar a la gente, se cambió el método y primero se pusieron nombres femeninos y luego masculinos. La idea era comunicarse mejor con las personas de las zonas en peligro. Cada año, la Organización Meteorológica Mundial prepara una lista de nombres para huracanes, tifones o ciclones tropicales. Deben ser bastante populares en una región determinada para que la gente pueda recordarlos con facilidad. Estas listas se repiten cada pocos años. Sin embargo, si uno de los huracanes fue excepcionalmente severo y causó la muerte de muchas personas, su nombre ya no se repetirá.

Récords. Los récords de ciclones tropicales se miden principalmente por la fuerza del viento y la magnitud del daño ocasionado. El huracán Katrina alcanzó una velocidad de 281,5 km/h y las pérdidas se estimaron en 161.000 millones de dólares. Las ráfagas del Wilma llegaron a 297,6 km/h y causaron daños valorados en 34.000 millones de dólares. El huracán Patricia ha sido el huracán más intenso: el viento alcanzó la insólita velocidad de 345,9 km/h, pero causó menos daños: 260 millones de dólares.

SATÉLITE METEOROLÓGICO

Desde hace más de 40 años, los científicos observan el comportamiento de los huracanes a través de satélites. Recientemente analizan estas tormentas masivas en relación con el calentamiento global. Según sus conclusiones, el calentamiento no provocará más huracanes, pero puede aumentar su fuerza, haciéndolos más peligrosos.

CONSTANTES, ESTACIONALES Y LOCALES. TIPOS DE VIENTO

Los ciclones tropicales están entre los fenómenos atmosféricos más fuertes y violentos. Por eso oímos hablar de ellos con mayor frecuencia. Pero el viento sopla a diferentes velocidades y alturas, y produce diversos efectos. Hay vientos constantes y estacionales, y vientos locales que solo existen en ciertas partes del mundo. Si contáramos todos los tipos, probablemente nos saldrían más de doscientos. Estos son algunos de ellos.

El **foehn** se forma en las montañas. El aire cálido y húmedo se topa con las altas cordilleras, así que comienza a subir por sus laderas. Y como la temperatura baja con la altitud, el vapor de agua contenido en el aire se condensa a cierta altura y se forman nubes y lluvia. De esta manera, el aire pierde su humedad y se seca. Luego cruza las crestas de las montañas y se calienta muy rápidamente a medida que desciende hacia los valles. Alcanza una temperatura más alta que al principio, porque no contiene más agua que pueda evaporarse y quitarle calor. Entonces provoca un calentamiento repentino, un deshielo. El foehn se da en muchos lugares del mundo, y adquiere sus propios nombres. En España: levante en Gibraltar y toda la costa mediterránea; cierzo en Aragón y Navarra; ábrego en la Meseta y Andalucía. En los Andes sopla el zonda.

La **tramontana** es un viento frío del N-NO originado en el Macizo Central francés, que puede soplar en cualquier época del año con violentas rachas, y suele ir acompañado de cielos de un color azul intenso. En España sopla en el norte de Cataluña y en las islas Baleares. Puede durar durante varios días e incluso semanas con viento constante y rachas de más de 200 km/h. De ahí que exista la creencia popular de que puede influir en los estados de ánimo y en la locura relacionada a veces con la inspiración artística.

El viento puede ser inspirador. El fabricante italiano de coches superdeportivos Pagani llamó Zonda a uno de sus modelos en honor al viento sudamericano. Y el Pagani Zonda incluso ha superado al viento, ya que alcanza una velocidad de 380 km/h. Por otro lado, Volkswagen vende modelos Sirocco y Bora.

El **bora** es un viento fresco y muy racheado que sopla desde las montañas hacia el mar. Se puede sentir en invierno en la costa del mar Adriático, en Italia, Grecia, Eslovenia, Croacia. Es capaz de volcar a una persona o incluso un coche. Su nombre proviene de Bóreas, el dios griego del viento del norte.

El **mistral** es un viento del NO, y a veces del N, que sopla en toda la costa mediterránea que abarca el golfo de León. Es un viento frío, seco y violento, que suele alcanzar los 100 km/h y llega a pasar de los 140 km/h. Aunque es una auténtica molestia para los lugareños, los aficionados al *kitesurf* y *windsurf* lo esperan para disfrutarlo.

21

Los antiguos griegos adoraban a los dioses del viento. Bóreas era el dios del viento del norte. Violento y desenfrenado, podía causar grandes daños. Los griegos creían que Bóreas los había ayudado a destruir la flota persa. Aunque Céfiro personificaba el viento suave, benigno y refrescante del oeste, también podía ser muy cruel. Cuando se enamoró de la ninfa Cloris, la raptó para casarse con ella. El retrato más famoso de Céfiro es *La Primavera,* el cuadro de Sandro Botticelli. El artista representó al dios griego como un hombre alado de piel azul que captura a una joven ninfa asustada. El dios del viento del sur era Notos, y el dios del viento del este se llamaba Euro. A todos ellos los gobernaba Eolo.

CÉFIRO

El **siroco** es un viento del sudeste que sopla desde el norte de África hacia el mar Mediterráneo, llegando a menudo hasta el sur de Europa. Cuando se forma en el desierto es caliente y seco, y solo absorbe humedad al llega al mar. Suele transportar grandes cantidades de polvo desértico.

El **simún** es un viento seco que provoca tormentas de arena en los desiertos de África y de la Península Arábiga. Se conoce también con el nombre del «viento rojo del Sahara», es abrasador y seco, su temperatura puede superar los 50-54 °C. Aunque no suele durar más de veinte minutos, las personas pueden morir por asfixia o hipertermia. Es imposible luchar contra él, y solo se puede buscar un lugar donde refugiarse y esperar a que se calme.

El **monzón** se forma en el sudeste asiático y Australia. Es un viento estacional, es decir, sopla solo durante ciertos meses. En invierno lleva aire frío y seco desde tierra adentro, y en verano aire húmedo y cálido del océano. En el interior del continente los inviernos son fríos y los veranos calurosos, mientras que sobre el océano la temperatura no cambia tanto a lo largo del año. El monzón es tan fuerte que, cuando cambia de dirección, afecta al sistema de las corrientes marinas del océano Índico.

El **kamikaze** es un tifón en la leyenda japonesa. En el siglo XIII, el nieto de Gengis Kan conquistó una parte de China y decidió invadir Japón. Su objetivo era la isla de Kyushu. Partió hacia allí con una gran flota formada por más de 140.000 marineros, pero sus barcos fueron hundidos. Durante siglos, se contó la historia del divino **viento kamikaze**, que acudió en ayuda de los japoneses arrasando la flota mongola. Los historiadores prefieren pensar que la derrota se debió a las tropas japonesas, especialmente porque hoy en día los tifones rara vez aparecen en esta parte de Japón. En los últimos años, sin embargo, un estudio científico de los lechos de los lagos en esta zona parece indicar que los tifones eran más comunes en aquella época. Es muy posible que dos de ellos hundieran los barcos de los mongoles.

23

Vientos constantes

La zona del ecuador recibe más energía de los rayos solares y se calienta más rápido. Cuanto más lejos del ecuador, menos radiación solar, por tanto, el mar y la tierra están más fríos. Esta diferencia de temperatura constante en grandes áreas produce vientos que soplan casi siempre en las mismas direcciones y sobre las mismas partes de la Tierra: son los **vientos constantes**. Los meteorólogos denominan estos flujos de masas de aire como circulación atmosférica. Son los que determinan el tiempo que hará en una región determinada. Los contralisios y alisios son vientos constantes que se forman entre el ecuador y los trópicos.

¡SOY EL REY DEL MUNDO!

Los **contralisios** se forman en el ecuador, donde el aire húmedo y caliente se eleva. Transportan este calor y humedad hacia los polos (desplazándose hacia la derecha en el hemisferio norte o hacia la izquierda en el hemisferio sur de acuerdo con el efecto Coriolis). A grandes altitudes, el vapor de agua se condensa y cae en forma de lluvia intensa. El aire se seca, baja en la región de los trópicos y regresa al ecuador como un **alisio**. Los ingleses los llaman *trade winds*, "vientos comerciales", porque ayudaban a desarrollar el comercio. En aquella época los comerciantes viajaban en grandes veleros, y los vientos alisios —predecibles, cálidos y no demasiado fuertes— les permitían llegar a países lejanos. Cristóbal Colón también los aprovechó en su viaje. Su plan era navegar hacia el oeste para llegar a Asia, pero no imaginó que los vientos favorables lo ayudarían a descubrir una tierra completamente nueva, más tarde llamada América.

Corrientes en chorro. En el aire, como en el mar, se forman corrientes conocidas como corrientes en chorro, pero se parecen más a un río caudaloso y agitado. Hay diferentes tipos, y cada uno influye de una manera distinta en el clima. Una corriente en chorro polar en el hemisferio norte aparece cuando las masas de aire frío del Ártico chocan con el aire más cálido de los trópicos. Te lo puedes imaginar como un poderoso cinturón de aire que envuelve la Tierra a medida que se mueve de oeste a este. Esta corriente influye en el clima de Europa. A veces sopla a velocidades de hasta 300 km/h y se desplaza a una altitud de 7-12 km. Este fenómeno resulta muy útil para los pilotos: si el avión vuela con la corriente, el viaje es más corto y se ahorra combustible. Pero a veces el avión tiene que ir a contracorriente, y entonces el vuelo dura más tiempo.

Algunas **corrientes marinas** se forman en la superficie del agua y otras a más de 300 metros de profundidad. Las primeras suelen ser generadas por el viento, cuando las masas de aire golpean la superficie del agua con fuerza y de manera constante. Como los vientos constantes siempre soplan en una dirección determinada, las corrientes constantes siempre se desplazan en el mismo sentido y a la misma velocidad. Hay corrientes estacionales que aparecen en determinadas épocas del año, como las corrientes monzónicas, y las corrientes temporales que se forman de vez en cuando. Los vientos constantes y estacionales, y las corrientes marinas se tuvieron en cuenta al trazar las rutas comerciales marítimas.

Otros fenómenos relacionados con el viento

Tornado o tromba de aire. Cuando el aire se arremolina muy rápidamente y forma un embudo que, a medida que asciende, conecta la tierra o el agua con las nubes, decimos que se avecina un tornado. La nube embudo de tornado se comporta como una aspiradora. Absorbe aire y, debido a su enorme fuerza, puede hacer girar todo lo que encuentre en su camino: tierra, agua, objetos diversos, e incluso animales pequeños. Es un fenómeno muy peligroso. Puede alcanzar el diámetro de unos 70 metros, y la velocidad del aire arremolinado en la nube embudo suele alcanzar los 170 km/h. El récord es de 400 km/h. Los tornados se forman con mayor frecuencia en Estados Unidos, donde se creó un sistema de alerta especial para ayudar a las personas a refugiarse a tiempo. Los tornados adquieren el color de la tierra o el polvo que succionan. En España también se producen remolinos de aire, pero sin duda alguna, son más suaves. Durante los incendios forestales en Australia se formó un tornado que parecía una columna de fuego: la gran diferencia de temperatura entre la superficie extremadamente caliente de la tierra y la atmósfera más fría provocó una rápida subida del aire, que se arremolinaba y succionaba el fuego.

Tormenta de nieve. Cuando llega una ventisca es difícil moverse, porque los vientos fuertes transportan muchísima nieve. La visibilidad disminuye rápidamente y la nieve bloquea caminos y aceras. Los conductores a menudo tienen que detenerse y esperar ayuda. La tormenta suele durar tres horas, como mínimo, pero a veces se prolonga hasta tres días.

VIAJAR CON EL VIENTO

BALSA

Navegación a vela

Desde la antigüedad, el hombre ha aprovechado el viento para navegar. Los antiguos egipcios y griegos fueron grandes marineros. A menudo aparecen barcos en los mitos griegos, como por ejemplo en la historia de la expedición de los argonautas o en el regreso de Ulises a Ítaca. Pero las primeras personas que dominaron el arte de surcar los océanos fueron... los habitantes de las islas del Pacífico, quienes llegaron del sudeste asiático y comenzaron a asentarse en ellas ya en el tercer milenio a.C. En 1947, el antropólogo y explorador noruego Thor Heyerdahl quiso demostrar que los vientos y las corrientes marinas habían facilitado este viaje siglos atrás. Zarpó desde Perú en una primitiva balsa, la *Kon-Tiki* y, efectivamente, llegó a Polinesia tres meses después.

En la Edad Media, los árabes eran los grandes expertos del viento. Los comerciantes navegaban hacia el sur a lo largo de la costa africana, llegando a puertos de la actual Mozambique. También se dirigían al este hacia el golfo Pérsico. Se orientaban perfectamente en las distintas direcciones del viento y tenían un gran conocimiento de las corrientes marinas. Fueron excelentes navegantes y geógrafos, lo que los convirtió rápidamente en una potencia comercial.

JABEQUE

Los europeos llevaban siglos importando textiles, té, pimienta y especias de India y China por tierra. En el siglo XV, ese tipo de viajes se volvió cada vez más peligroso y oneroso. Por ello, los monarcas que tenían una flota empezaron a pensar en cómo llegar a la India por mar. El príncipe portugués Enrique el Navegante estableció con este fin un centro de investigación en el cabo más meridional de Portugal. Reunió a los mejores astrónomos, cartógrafos y expertos en el mar para que le ayudaran en las investigaciones. Mandó construir los barcos más modernos —carabelas de tres mástiles— cuyas velas permitían navegar no solo con el viento, sino también casi contra el viento. Los marineros portugueses se aventuraban cada vez más al sur, y cuando regresaban, informaban sobre los vientos, las corrientes marinas y las islas recién descubiertas a los cartógrafos, que lo marcaban todo en los mapas. Estos conocimientos tan laboriosamente obtenidos fueron muy útiles para Vasco da Gama.

Cuando decimos: «soplan vientos de cambio», no nos referimos al tiempo, sino a cambios en la política, la historia o las costumbres. El viento tiene entonces un significado simbólico. A este viento se referían los Scorpions en su canción *Wind of Change*, que se convirtió en un éxito en poco tiempo. El público lo relacionó espontáneamente con la caída del Muro de Berlín y el fin del comunismo.

En julio de 1497, zarparon de un puerto cerca de Lisboa. Un viento de levante favorable les ayudó a llegar en poco tiempo a las Canarias. Desde allí navegaron hacia el sur, rodearon el cabo de Buena Esperanza y llegaron a la actual Kenia. Los vientos les eran favorables, pero la fuerte corriente de Mozambique hizo que el viaje fuera mucho más lento. Su objetivo era llegar a la India. Nunca antes un europeo había navegado desde las costas del este de África hasta Asia. Por ello, y a partir de ese momento, Vasco de Gama ya no pudo contar con los conocimientos adquiridos por los marineros portugueses. Así que contrató a Ahmad Ibn Majid, un navegante, escritor y geógrafo árabe que lo sabía todo sobre las corrientes marinas y los vientos que soplaban en la región. Gracias a él, llegaron rápidamente a las costas de Calcuta y su expedición abrió una gran ruta comercial marítima entre Europa y Asia.

Planeo

Ya sabes cómo planean los pájaros. Pero, ¿y el hombre? La naturaleza no nos dotó de esta facultad, pero podemos volar en planeadores. Estos aviones cuentan con la ayuda de un avión remolcador para "despegar" de la pista. Una vez en el aire, los pilotos se desenganchan y luego simplemente flotan en el viento.

Los plusmarquistas en planeo recorrieron 3000 km. Tal vez te preguntarás, ¿cómo es posible sin un motor? Es un poco como deslizarse sobre hielo, pero en lugar de hielo te deslizas por el aire. Y el truco consiste en reconocer y utilizar las corrientes. Un buen piloto observa nubes, pájaros y el relieve del terreno, para saber rápidamente cómo encontrar aire que propulse el planeador y evitar lugares donde pueda perder repentinamente altitud o entrar en turbulencias.

Los pilotos polacos Sebastian Kawa y Krzysztof Strama fueron los primeros que sobrevolaron el Himalaya en un planeador a motor, en diciembre de 2013. Despegaron usando el motor, lo apagaron al alcanzar la altura necesaria y desde ese momento solo contaron con sus habilidades y reflejos. Se elevaron utilizando las corrientes ascendentes, hasta que pudieron contemplar desde arriba el Annapurna, una de las montañas más altas del mundo.

ANNAPURNA 8091 m

> Los globos aerostáticos modernos están hechos de materiales no inflamables y suelen inflarse con helio, un gas más ligero que el aire.

Globos aerostáticos

Érase una vez un pato, un gallo y una oveja que salieron a dar un paseo en globo... Podría ser el comienzo de un cuento infantil. Sin embargo, sucedió de verdad, con la única diferencia de que estos animales no se embarcaron por su propia voluntad. Fueron colocados en una canasta enganchada a un globo aerostático, que se elevó, y ocho minutos después aterrizó sin problemas a tres kilómetros del lugar del despegue. Era septiembre de 1783. El viaje aéreo fue organizado por dos franceses, los hermanos Joseph y Étienne Montgolfier. Eran propietarios de una fábrica de papel que les aportaba grandes beneficios, y como su verdadera pasión era el arte de volar, invertían su dinero en experimentos. Durante uno de ellos, observaron que el aire caliente de una chimenea podía hacer subir una bolsa de papel hasta el techo. Tras varios experimentos más, construyeron el primer globo de papel y seda. Calcularon su volumen para que, cuando se llenara de aire caliente, pudiera elevarse transportando a un pasajero. Al enviar un pato, un gallo y una oveja, querían comprobar si los seres vivos resistirían un vuelo a una altura significativa. ¡Los tripulantes regresaron sanos y salvos! Poco después, se embarcaron en un viaje en globo las primeras personas. Se sentaron en una plataforma redonda y... ¡empezaron a quemar paja! Como el aire caliente es más ligero que el aire frío, al calentarse con la paja encendida, la tela del globo se elevaba y se llenaba. Sin embargo, el primer viaje de los humanos no duró mucho...

Hoy nadie quema paja y los globos aerostáticos son modernos. Pero el principio que rige su funcionamiento sigue siendo el mismo. El piloto regula el suministro de aire caliente y así controla la altura a la que vuela el globo. No obstante, el globo no se puede dirigir, y hay que aprovechar la velocidad del viento que sopla a distintas alturas. El piloto observa la posición y tipos de nubes, y sube o baja para «cazar» el viento más conveniente. ¡Imagínate un vuelo en globo alrededor del mundo sin hacer escalas! En 1999, el suizo Bertrand Piccard y el británico Brian Jones lo hicieron: partieron de Suiza y aterrizaron veintiún días después en el desierto egipcio.

Los **globos** enseguida se utilizaron en meteorología. Se enviaban con instrumentos de medición de temperatura y presión a 9 km de altura. Los meteorólogos revisaban los registros y así aprendían sobre la atmósfera. Hoy en día, las estaciones meteorológicas de distintas partes del mundo lanzan globos que vuelan a 30-40 km. Los parámetros de la atmósfera se miden con radiosondas.

35

CÓMO SE MIDE LA VELOCIDAD DEL VIENTO

Hace 200 años, Francis Beaufort quiso ayudar a los marineros a definir claramente la fuerza del viento para que pudieran transmitir información precisa a los demás. Así que realizó observaciones muy detalladas, anotó los cambios del mar y cómo se doblaban las velas según la fuerza de una ráfaga. Luego, recogió todas sus notas y describió lo que le sucede exactamente al mar sometido a una determinada fuerza de viento. Así se creó la **escala Beaufort**. Años más tarde se adaptó para usarla no solo en el mar, sino también en tierra. Si observas la superficie del mar, las ramas de los árboles o el humo de las chimeneas, tú mismo puedes evaluar la fuerza del viento según la escala de Beaufort.

Fuerza 0
CALMA (velocidad 0-1 km/h). El viento apenas sopla y la superficie del mar está completamente plana.

Fuerza 1
VENTOLINA (1-5 km/h) El agua del mar se riza ligeramente (pequeñas olas de 10 cm de altura). En tierra, el humo de las chimeneas nos indica la dirección del viento.

Fuerza 2
BRISA MUY DÉBIL (6-11 km/h) En el mar se forman olas pequeñas que no llegan a romper (de 20 cm de altura) mientras que en tierra tiemblan las hojas en los árboles.

Fuerza 3
BRISA LIGERA (12-19 km/h) Pequeñas olas (de unos 60 cm de altura) que en la playa empiezan a romper. En tierra, observa los árboles: sus ramas y hojas se mueven ligeramente.

Fuerza 4
BONANCIBLE, BRISA MODERADA (20-28 km/h) Numerosos borreguillos en las crestas de las olas (de 1 m de altura), y en tierra el viento levanta polvo y hojas secas.

Fuerza 5
FRESQUITO, BRISA FRESCA (29-38 km/h) El mar murmura. Las olas (de 2 m de altura) se alargan y abundan borreguillos En tierra, las ramas de los árboles se balancean y el viento silba.

Fuerza 6
FRESCO, BRISA FUERTE (39-49 km/h) Ahora el mar retumba. Las olas son aún más grandes (de 3 m de altura) y se rompen. Aparecen franjas de espuma. En tierra, las ramas grandes se balancean y es difícil mantener abierto el paraguas.

Fuerza 7
FRESCACHÓN, VIENTO FUERTE (50-61 km/h) El mar está agitado, las olas (de 4 m de altura) se disponen en franjas y el viento arrastra la espuma blanca. En tierra, ahora incluso las ramas más grandes se mueven y es difícil caminar contra el viento.

Fuerza 8
TEMPORAL, VIENTO DURO (62-74 km/h) Las franjas de espuma son arrastradas en dirección del viento y el mar retumba. Rompen las olas (de 5,5 m de altura). En tierra, hasta los troncos de los árboles grandes se balancean y se rompen las ramas pequeñas.

Fuerza 9
TEMPORAL FUERTE, VIENTO MUY DURO (75-88 km/h) Ahora el mar ruge con fuerza. Las olas son realmente grandes (de 7 m de altura) y se empenachan. En tierra se empiezan a dañar construcciones ligeras, el viento arrastra tejados y chimeneas. Los coches se ven arrastrados por la fuerza del viento.

Fuerza 10
TEMPORAL DURO (89-102 km/h) Las olas son enormes (de 9 m de altura) y la espuma blanca cubre toda la superficie del agua. El mar ruge con fuerza. Visibilidad reducida. En tierra, el viento arranca árboles pequeños con sus raíces.

Fuerza 11
TEMPORAL MUY DURO, BORRASCA (103-117 km/h) Olas enormes (de 11,5 m de altura) rompientes, los rociones dificultan la visibilidad. El mar emite un ruido fuerte. En tierra, un temporal de este tipo puede causar grandes estragos, incluso romper troncos de árboles.

Fuerza 12
TEMPORAL HURACANADO (118 km/h y más) El mar ruge, ensordeciendo todos los otros sonidos, y el aire está lleno de espuma blanca y rociones. Visibilidad nula. Las olas alcanzan 14 o más metros de altura. En tierra, el viento arranca árboles grandes, provoca daños y destruye grandes estructuras.

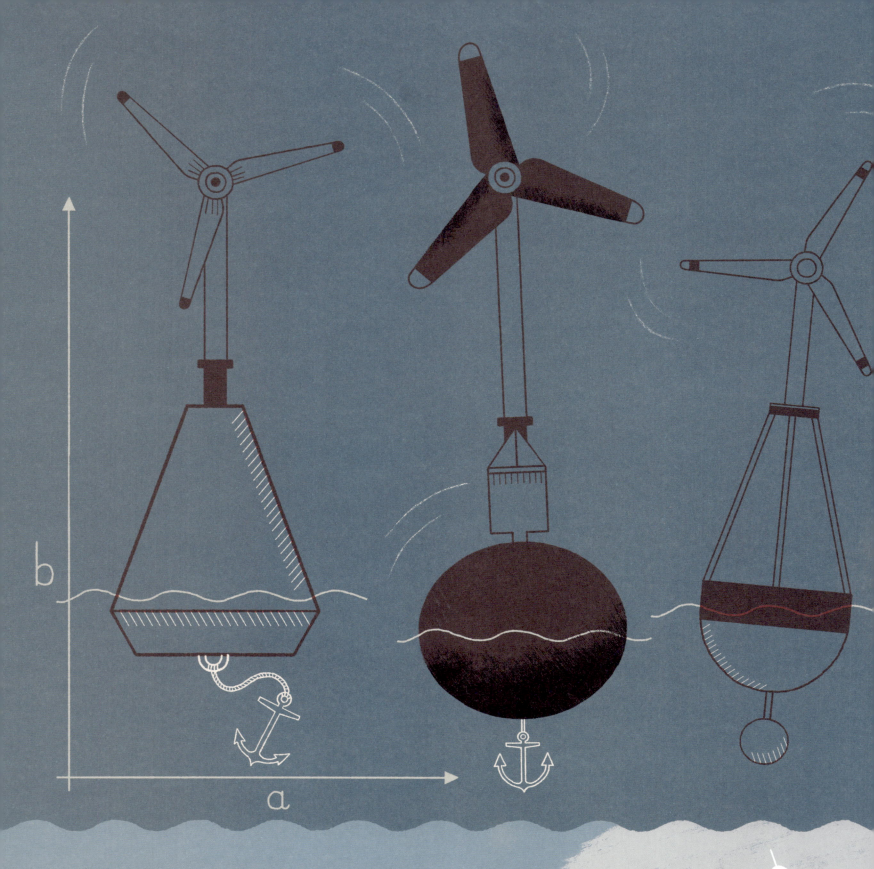

CÓMO GENERAR ELECTRICIDAD CON EL VIENTO

Todo comenzó con la bonanza que detuvo el barco de Dag y Knut frente a las costas de Noruega. Como cada año, estos dos hombres mayores participaban en la regata Færder. El viento solía ser caprichoso en aquella zona, pero esa noche no soplaba en absoluto. Dag y Knut tuvieron que echar el ancla para no ir a la deriva. Esperaron en silencio a que volviera el viento, observando una boya de cuatro metros que se balanceaba sobre las olas. «¿Y si la boya tuviera cien metros de altura y estuviera rematada con unas hélices?», pensó Dag, que había estado trabajando en energía eólica desde hacía algún tiempo. Le hizo la pregunta a Knut, y empezaron a dibujar en una servilleta varias versiones de un molino de viento flotante. Así, aquella bonanza contribuyó a la creación de **«centrales eléctricas flotantes»** que convierten la energía eólica en electricidad.

Durante los siguientes 10 años, aquellos bocetos se fueron convirtiendo en dibujos de construcción perfectamente calculados, en los que ahora trabajaba una gran empresa noruega con un equipo de especialistas. Se preguntaban acerca de la ubicación y los materiales del aerogenerador, y, sobre todo, cómo mantenerlo a flote. Calcularon, verificaron y compararon. Finalmente, se fondeó el prototipo de una gran turbina en un lugar conocido por las fuertes tormentas. Flotó en el mar a pesar de los fuertes vientos y de las olas de 19 metros de altura. Durante casi seis años, se monitorizaron todos sus movimientos y funcionamiento. Había que comprobar cuánta electricidad proporcionaría, cuánta fuerza del viento podría utilizar y si se mantendría a flote. En 2015, ya era seguro "erigir" turbinas de este tipo en mares u océanos, independientemente de la profundidad del agua, para crear así **parques eólicos flotantes**.

← ASPA DEL ROTOR

MULTIPLICADOR

FRENO

GÓNDOLA

GENERADOR

CABLES ELÉCTRICOS

SISTEMA DE ORIENTACIÓN

TORRE →

ESCALERA

La energía eólica no deteriora el medio ambiente. Es respetuosa con la naturaleza, y por eso se la denomina «**verde**». Además, es inagotable, se generará mientras soplen los vientos. Por eso la llamamos «**energía renovable**».

¿Que cómo funciona? Si has visto algún viejo molino de viento, sabrás que cuando el viento golpea sus aspas, las mueve. Los científicos comenzaron a preguntarse cómo usar este movimiento para generar electricidad. Y hace relativamente poco tiempo, inventaron la turbina moderna. El viento sopla contra sus aspas, llamadas palas o hélices, y las mueve. Estas activan el rotor conectado al generador. El generador convierte la energía mecánica en electricidad. Cuanto más aire reciban las palas del molino, más electricidad se generará.

41

Electricidad directamente del mar

Imaginemos cinco turbinas eólicas altas como rascacielos de 50 pisos, balanceándose sobre las olas. Están equipadas con sensores especiales que regulan la posición de las palas para que, dependiendo de la inclinación, recojan la mayor cantidad de aire posible. No están fijas, flotan y unas anclas de cien toneladas las mantienen en un solo lugar. Al bucear veríamos también los cables que envían electricidad a la tierra. El mar aquí tiene una profundidad de 95-125 m. Así es Hywind Scotland, una moderna granja eólica flotante construida en el mar del Norte frente a la costa de Escocia. Gracias a ella, los habitantes de 20.000 hogares pueden leer por la noche, cargar su teléfono y el portátil, hacer la colada y usar el frigorífico.

Las turbinas flotantes permiten instalar parques eólicos marinos sin importar la profundidad del mar o el océano. Hasta hace poco, solo podían construirse en lugares donde el agua era relativamente poco profunda, porque solo allí se podían clavar los soportes para las turbinas en el fondo marino. En el mar del Norte, a más de 100 km de la costa, se encuentran 174 construcciones que forman uno de los parques eólicos marinos más grandes del mundo: Hornsea One. Sus turbinas no flotan, sino que están fijadas al fondo del mar, que tiene allí unos 20 metros de profundidad. Deben proporcionar electricidad a un millón de hogares en Gran Bretaña.

En el mar del Norte, sopla el viento, hay niebla y las olas pueden alcanzar los 11 m. Allí, lejos de la orilla, se construyeron unas turbinas colosales conectadas a unos cables que conducían la electricidad a tierra. Primero, dos barcos especializados inspeccionaron el lecho marino y las posibles ubicaciones durante cinco meses. Después, unos transportadores llevaron los soportes. Fueron instalados

Un molino de viento mide 190 m de altura y es más alto que la Catedral de Notre Dame de París. Cada hélice mide 75 m de largo, casi el doble de longitud que un avión Boeing 737. Todo el parque eólico ocupa 407 km², casi como la extensión de toda Andorra. Las turbinas eólicas están colocadas sobre soportes que pesan, cada uno, lo mismo que unos 57 rinocerontes. Una sola vuelta de las aspas es suficiente para proporcionar electricidad a un hogar del Reino Unido durante un día.

en puntos definidos con precisión y rematados con unos puntos de anclaje especiales que sobresalen por encima de la superficie del agua.

A principios de 2019, salió del puerto de Hull un barco equipado con grúas y robots para la instalación del primer aerogenerador. Cinco días después, el viento ya movía sus palas generando electricidad. El resto de las turbinas fueron instaladas en nueve meses. Casi un centenar de especialistas trabajó todos los días en la construcción de esta moderna central eléctrica. Y como resultaba difícil desplazarse cada mañana a 100 km de la costa, vivían en el mar, en un hotel-plataforma especialmente construido. Después del trabajo, podían jugar al billar, ir al cine o entrenar en el gimnasio. Los equipos cambiaban cada dos semanas. En esta zona, pronto se instalarán otros dos parques de energía eólica similares.

Si quieres tener una mejor idea de cómo funciona una turbina eólica, el LEGO® Creator Aerogenerador Vestas es una maqueta de molino de más de 800 piezas y con motor que te mostrará cómo generar electricidad con el viento. Lamentablemente, es bastante caro.

Si reunieras 1600 elefantes, obtendrías el peso equivalente a una turbina Hywind Scotland: unas 12.000 toneladas ¡y no se hunde! Tiene 253 metros de altura, por lo que es un poco más alta que la Torre de Cristal en Madrid. La envergadura de sus aspas —de 154 metros— es similar a la de las alas de un Airbus 380. Está montada sobre un cilindro amarillo lleno de lastre y fijada en su lugar por tres poderosas anclas, suspendidas sobre cadenas de más de dos kilómetros de largo. La construcción de todo el parque eólico Scotland Hywind costó unos 215 millones de euros.

Electricidad del mar Báltico

En el mar Báltico sopla tanto el viento que resulta difícil mantenerse derecho si no es detrás de una mampara. Pero ¿basta este viento para poner en marcha una central eléctrica? Resulta que hay lugares a no más de 20-30 km de la orilla que son perfectos para eso. Los daneses y alemanes ya lo han probado en los lugares en que el agua no es demasiado profunda y las olas no son tan altas como en el mar del Norte. El objetivo es instalar 13 parques eólicos marinos y generar electricidad para el mayor número de hogares de la zona.

La preparación de una construcción de este tipo lleva muchos años. En primer lugar, los meteorólogos estudian la fuerza y la frecuencia de los vientos, porque la central eléctrica solo debe estar donde el viento sopla fuerte y constante. Para las observaciones utilizan dispositivos con láser que flotan en la superficie del mar y a diario envían datos a los ordenadores en tierra.

Durante un año, los ornitólogos estudian las rutas migratorias de las aves para asegurarse de que la central eléctrica prevista no alterará sus hábitos.

Los geólogos estudian la estructura del fondo marino para elegir el lugar idóneo para fijar los soportes. Hay que medir la profundidad del mar y la altura de las olas.

Se comprueba si el ruido de las enormes turbinas eólicas puede afectar a las aves y los animales marinos. Y cómo afectarán al medio ambiente su construcción, así como la instalación de los enormes soportes y cables.

¿Alterará el parque eólico el tráfico de barcos comerciales y veleros?

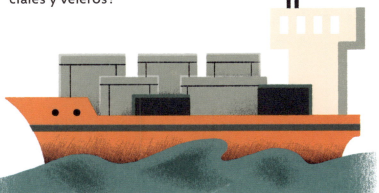

¡LISTOS!

Solo con toda esta información se puede decidir dónde instalar la central, qué turbinas serán las adecuadas, y dónde debe ir cada una de ellas. Después, las obras de construcción solo llevan unos dos años.

Parques eólicos terrestres

Los parques eólicos terrestres son más económicos y fáciles de construir que los marinos. Pero hay otros problemas. El ruido constante de las palas molesta a los vecinos. A los ambientalistas les preocupa que aves y murciélagos puedan chocar contra las altas turbinas. Además, las mejores ubicaciones para estas centrales eléctricas a menudo se encuentran lejos de las grandes ciudades a las que deben suministrar energía, y su transporte puede suponer un aumento del precio de la electricidad. A pesar de todo, muchos países obtienen su energía de parques eólicos terrestres. Los diez primeros incluyen China, Estados Unidos, Alemania, India, España, Gran Bretaña, Francia, Brasil, Canadá e Italia. Pero una de las mayores centrales se encuentra en Rumanía. Se compone de 240 turbinas eólicas que cada año suministran electricidad a casi un millón de hogares rumanos.

La potencia de la corriente se mide en vatios (W). En todos los aparatos eléctricos se indica la cantidad requerida de vatios, por ejemplo, una bombilla LED necesita unos 10 W para funcionar, una nevera, unos 250 W, y un hervidor eléctrico, unos 2000 W. En el proyecto de los parques eólicos, lo que más importa es cuánta potencia tiene cada aerogenerador, es decir, cuánta electricidad generará. Por ejemplo, una turbina en el parque eólico Hornsea One genera 7 MW (megavatios o millones de vatios) y todo el parque genera 1200 MW. Una central eléctrica de carbón mediana produce 550 MW.

Puedes obtener información diaria sobre el uso de la energía eólica en Europa en el sitio web windeurope.org. Por ejemplo, el 10 de mayo de 2022, el 19,9 % de toda la energía utilizada en la UE provino del viento (15,9 % de parques terrestres, 4 % de marítimos). Puedes ver también cuánta energía eólica ha producido cada país.

47

¿POR QUÉ BUSCAMOS ENERGÍA VERDE?

Tal vez te sorprenda que se lleven a cabo experimentos tan largos e increíblemente costosos, y que grandes espacios en la tierra o en el mar se cubran con enormes turbinas eólicas, si desde hace más de cien años el hombre ha estado generando electricidad con éxito a partir del carbón o el petróleo.

EL **CARBÓN MINERAL** se formó hace unos 300 millones de años cuando la Tierra estaba cubierta de bosques tropicales y no existía el hombre. En los humedales, cuando morían helechos, árboles y otras plantas, se hundían en el suelo pantanoso. Con el tiempo, los cubrieron sucesivas capas de sedimento. Durante millones de años, esos restos de plantas se fueron transformando en capas de roca llamada carbón. Desde hace años, es la fuente de energía más importante y eficiente.

EL **LIGNITO** es un carbón mineral más joven. Se formó en el período de hace 2,3 a 2,5 millones de años, a partir de restos vegetales privados de aire. Las mayores cantidades de lignito se extraen en Alemania, China, Rusia, Estados Unidos y Polonia.

El **PETRÓLEO** se formó a base de algas y plancton que, hace millones de años, murieron y se hundieron en el fondo del mar. Los cubrieron otros restos de plantas y criaturas marinas. En un clima tropical muy cálido, los mares se fueron secando y quedaron los sedimentos. Durante los siguientes millones de años, se formaron capas de roca y tierra, y los restos de plantas y animales permanecieron hundidos a gran profundidad. A altas temperaturas, privados de oxígeno, se fueron convirtiendo en un líquido espeso y aceitoso: el petróleo. Se utiliza, entre otras cosas, para generar energía. Los mayores suministradores son EEUU, Arabia Saudita y Rusia.

EL **GAS NATURAL** se encuentra a cientos de metros bajo tierra. Se formó, como el petróleo y el carbón, hace millones de años. En algunos países se utiliza para generar electricidad. Las centrales de gas son menos contaminantes que las que queman carbón o petróleo.

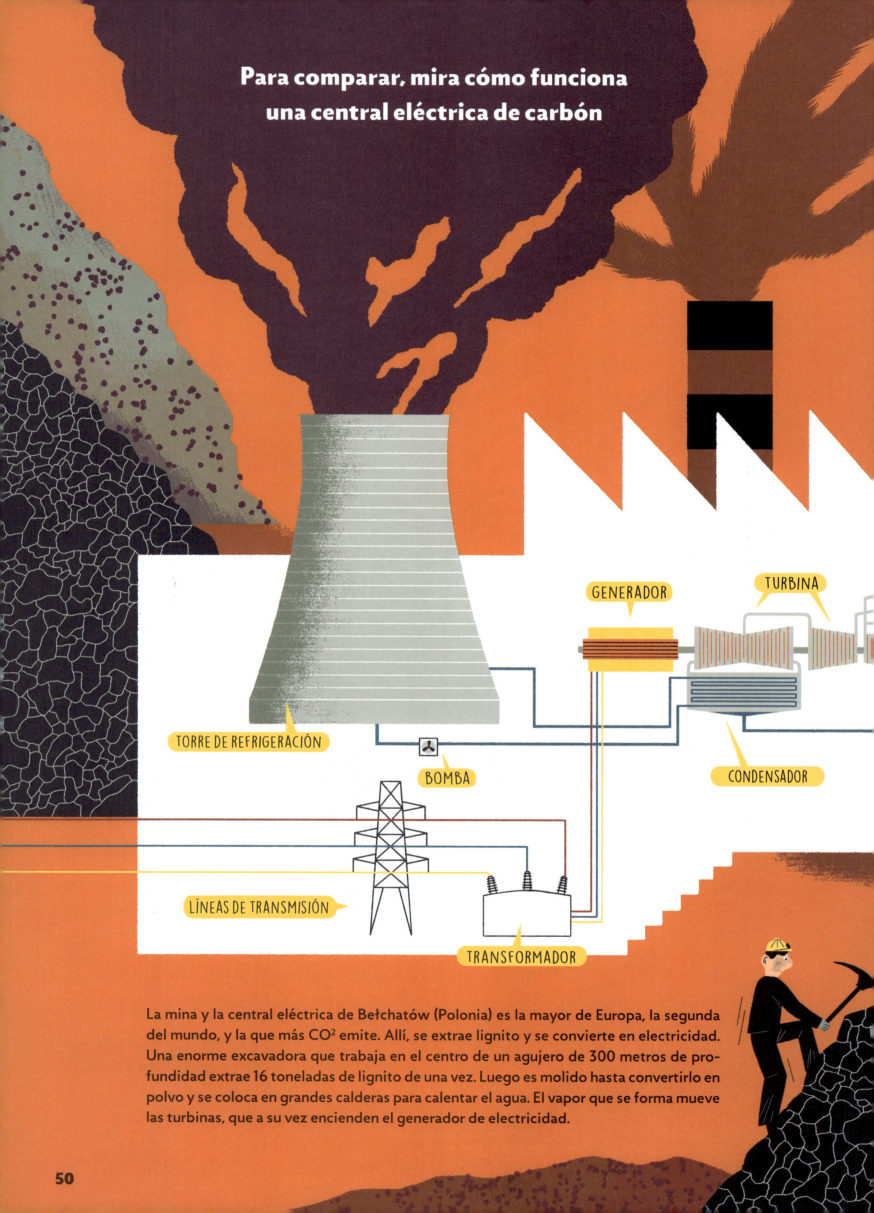

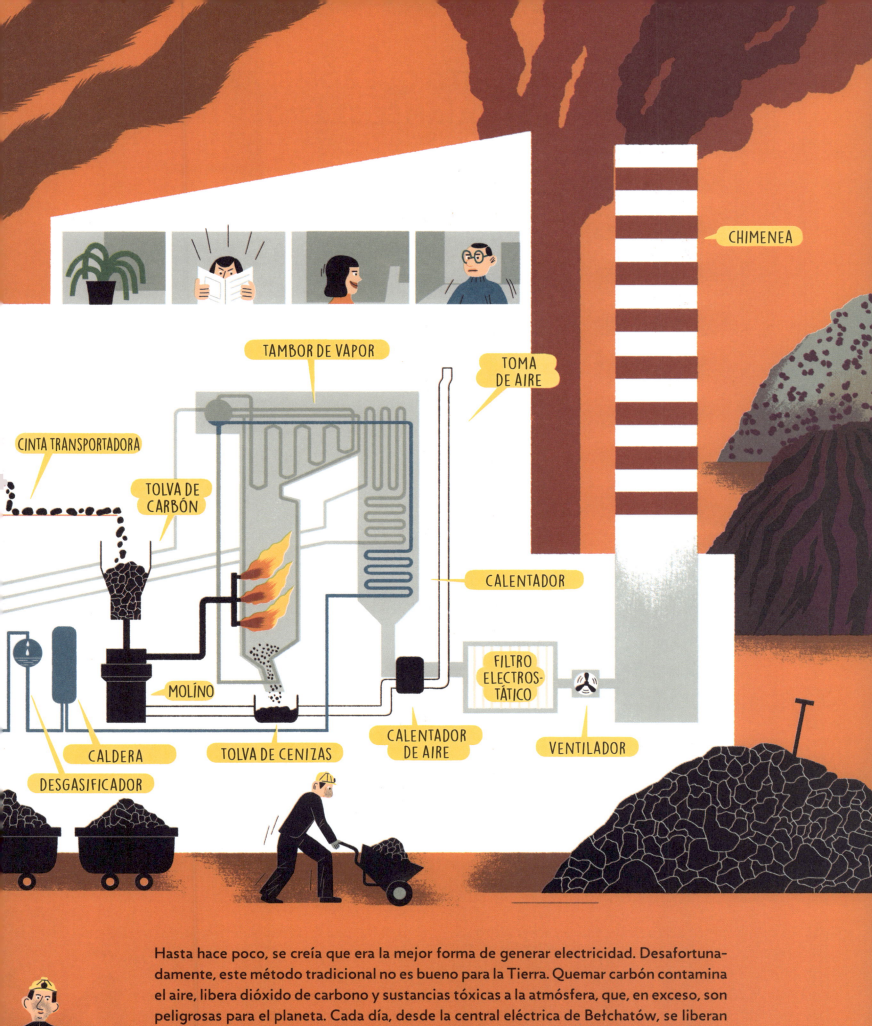

Hasta hace poco, se creía que era la mejor forma de generar electricidad. Desafortunadamente, este método tradicional no es bueno para la Tierra. Quemar carbón contamina el aire, libera dióxido de carbono y sustancias tóxicas a la atmósfera, que, en exceso, son peligrosas para el planeta. Cada día, desde la central eléctrica de Bełchatów, se liberan a la atmósfera unas 100.000 toneladas de dióxido de carbono. Además, algún día los depósitos de lignito se agotarán, y cada vez necesitamos más electricidad. Por eso, se empezó a buscar con urgencia fuentes de energía ecológicas y renovables. Una de ellas es el viento: no contamina ni se agota. Pero en ningún sitio sopla sin parar. Por eso, aunque las plantas de energía eólica estén en los lugares más convenientes, siempre puede haber interrupciones. Por lo tanto, necesitamos electricidad de otras fuentes.

MOLINOS DE VIENTO QUE BOMBEABAN AGUA Y MOLÍAN EL GRANO

El viento es una poderosa fuente de energía que el hombre lleva siglos aprovechando. Al mirar las modernas turbinas eólicas, piensa en sus predecesores: viejos molinos de viento que funcionaban de manera similar, pero que, en lugar de generar electricidad, servían para moler el grano y convertirlo en harina, o para bombear agua.

Nashtifan

Si nos desplazamos hasta Nashtifan, en el este de Irán —donde vientos persistentes soplan durante 120 días al año, y a menudo superan los 100 km/h y destruyen cultivos y edificios—, descubriremos un «muro» de molinos de viento todavía en funcionamiento. Los antiguos persas descubrieron cómo aprovechar los inconvenientes de la ubicación y convertir el viento en energía mecánica para la producción de alimentos. Construyeron molinos de viento. El viento golpea con fuerza las aspas, que giran horizontalmente como puertas giratorias gigantes; en una cámara inferior, el eje activa la piedra de molino, y, al girar, muele el grano. Los persas construyeron estos molinos en las colinas más altas, uno al lado del otro, formando una especie de muro que podía hacer un kilómetro de largo. Estas estructuras utilizaban el viento como fuente de energía para moler grano, y además protegían a los pueblos de las fuertes ráfagas de viento. Cuando las tropas de Gengis Kan invadieron Persia, entre los cautivos también había constructores de molinos de viento, que llevaron sus conocimientos hasta el corazón de Asia. En China, los molinos de viento eran utilizados principalmente para bombear agua.

Kinderdijk

Los molinos de viento europeos tenían un aspecto diferente. Las aspas del molino persa giran horizontalmente, y las del europeo, verticalmente. Se usaban también para moler grano o bombear agua. Kinderdijk, como gran parte de los Países Bajos, está ubicado por debajo del nivel del mar. Hace mil años, el hombre visitaba estas áreas solo durante la temporada de caza en verano. La región estaba inundada por el mar y los ríos. Con el tiempo, llegaron humanos en busca de nuevos asentamientos, y descubrieron que la tierra de estos humedales era fértil y que, si se podía prevenir de alguna manera la amenaza de inundaciones, podrían establecerse allí. Entonces construyeron un sistema de molinos de viento que activaban bombas de succión de agua. Actualmente, siguen funcionando 19 de aquellos molinos, algunos de ellos de más de 200 años.

Tarragona

Los primeros molinos de viento de los que se tiene constancia en España son los de la provincia de Tarragona y datan del s. X. Llegaron a través de Al-Andalus, y desde España se extendió al resto de Europa. Sin duda los más conocidos en España son los de La Mancha, que se introdujeron en el s. XV.

Lucha contra molinos.
Don Quijote de la Mancha es un personaje creado por Cervantes. Este excéntrico noble avistó unos molinos de viento y los tomó por gigantes. Sin vacilar los atacó, clavando su lanza en una de las aspas en movimiento. Como resultado de la lucha, tanto él como su caballo resultaron heridos. Hasta el día de hoy, decimos que alguien está luchando contra molinos de viento cuando pelea contra enemigos imaginarios.

¿CÓMO VENTILAR LA CIUDAD?

Hay ciudades que buscan el viento y otras que están dispuestas a liberarse de él. Cracovia, en Polonia, es la segunda ciudad más contaminada de Europa. La concentración de sustancias nocivas en el aire suele ser peligrosa para la salud. La ciudad se encuentra en una cuenca rodeada de colinas, por lo que el aire encuentra obstáculos naturales que dificultan su flujo. Y aunque una mejor ventilación no eliminaría el smog, puede limpiar un poco el aire. Los científicos de la Universidad Tecnológica de Cracovia han creado un gran proyecto para ventilar la ciudad: un moderno laboratorio en el que los ingenieros prueban si el flujo de aire se puede activar artificialmente y cómo hacerlo. Planean levantar torres de ventilación que podrían ayudar a la formación de viento.

Mientras Cracovia busca el viento, Toronto (Canadá) quiere deshacerse de él. En su centro financiero, lleno de rascacielos, sopla un viento insoportable. Su fuerza no depende de la diferencia de presión, sino de la disposición de los rascacielos. Los edificios crean canales naturales en los que se crean enormes corrientes de aire. Hace treinta años, se instaló una cuerda de escalada en una de las calles para que los transeúntes pudieran agarrarse y evitar que el viento los derribara. Actualmente, los científicos de la Universidad Ryerson en Toronto están buscando soluciones para detener el viento. Estudian la relación entre ciertos edificios y el flujo de aire, por ejemplo, colocando modelos de futuros rascacielos en un túnel aerodinámico, para comprobar cómo su superficie y ubicación pueden afectar a la fuerza del viento.

VIENTO FUERA DE LA TIERRA

En 2018, un cohete con la sonda espacial Insight a bordo despegó de la base aérea de California. Seis meses más tarde, y después de recorrer 485 millones de kilómetros, la sonda aterrizó felizmente en la vasta llanura de Marte. Poco después, el mundo escuchó el sonido del viento desde el Planeta Rojo. Soplaba a una velocidad de 16-24 km/h. Durante tres años, el módulo envió información sobre la velocidad del viento en Marte. A mediados de enero de 2020, la temperatura era de 30,5 °C y el viento soplaba a una velocidad de 40 km/h. ¿Sopla también el viento en otros planetas de nuestro sistema solar?

Mercurio es el planeta más cercano al Sol y está formado por rocas surcadas por cráteres. Es el más pequeño de los planetas de nuestro sistema y allí el año dura solo 88 días. Este es el tiempo que tarda Mercurio en orbitar el Sol. Durante el día hace mucho calor, alrededor de 420 °C, pero por la noche la temperatura desciende hasta los -170 °C. Prácticamente no hay atmósfera ni nubes. Y no se forman vientos.

El planeta más caliente de nuestro sistema, **Venus**, se encuentra entre Mercurio y la Tierra. Allí, la temperatura suele superar los 470 °C, que son 370 grados más que la temperatura del agua hirviendo. Los vientos más fuertes azotan las zonas más altas. Venus, como Mercurio, la Tierra y Marte, está hecho de roca, cubierto de volcanes, valles y montañas, de hasta 11.000 metros las más altas, ¡más que el Everest! Por el momento, no es posible enviar una sonda a Venus porque en temperaturas tan altas el sistema electrónico no funcionaría correctamente.

Marte es el único planeta donde circulan *rovers,* unos vehículos espaciales con dispositivos científicos de gran precisión. Tanto ellos como las sondas colocadas en la superficie y en órbita envían constantemente información a la Tierra sobre la atmósfera, la superficie e interior del planeta. Así sabemos que su superficie es rojiza, está compuesta por rocas y cubierta por muchos volcanes extintos, cañones muy profundos, y llena de polvo. Imagínate tres montes Everest apilados uno encima del otro: así es la montaña más alta de Marte, el Monte Olimpo, un volcán extinto que cubre una extensión del tamaño de México. La capa de la atmósfera alrededor de Marte es extremadamente fina, por lo que no puede retener el calor. Los vientos soplan allí constantes y pueden ser muy fuertes. En 2018, los telescopios colocados en su órbita registraron una escena única: una tormenta de polvo que se acercaba y rodeaba todo el planeta. El polvo enterró y dañó por completo el *rover Opportunity,* que había estado explorando el terreno de Marte durante 15 años. Estas tormentas que arrastran grandes capas de polvo son muy características en ese planeta. Cuando paran, el polvo tarda varios meses en asentarse.

Marte es llamado Planeta Rojo, mientras que en **Júpiter** podemos ver la Gran Mancha Roja. ¡Es una tormenta masiva activa desde hace cientos de años! Debería llamarse "mancha gigante" porque es más grande que la Tierra. Parece un vórtice de nubes, que en la Tierra llamaríamos ciclón tropical. Júpiter es el planeta más grande de nuestro sistema y está compuesto principalmente por gases que forman capas de nubes arremolinadas. En las imágenes enviadas por la sonda se ve claramente que en Júpiter se forman constantemente tormentas más pequeñas de fuerza variable.

El viento de **Saturno** sopla a 1800 km/h. Este planeta lejano es una gran bola de gases. Lo cubren nubes que forman remolinos, como los de los ciclones, y rastros que parecen corrientes en chorro. Los gigantes gaseosos como Júpiter y Saturno no tienen una superficie sólida, por lo que una nave espacial o una sonda no tendría donde aterrizar.

Urano, como Júpiter y Saturno, está formado por gases, entre ellos el metano, que le da un color azulado, y el sulfuro de hidrógeno, que huele a huevo podrido. En Urano, el viento alcanza una velocidad de 900 km/h y sopla en todas partes. Una nave espacial no podría atravesar la capa de gas del planeta porque su atmósfera es demasiado densa y la presión es demasiado alta. Las temperaturas alcanzan los -224 °C

Todos los planetas de nuestro sistema llevan nombres de antiguos dioses de la mitología romana. El nombre del dios más veloz lo recibió el planeta más rápido: Mercurio. Venus lleva el nombre de la bella diosa del amor. Marte era el dios de la guerra en la antigua Roma, y se dice que el nombre del planeta fue elegido por su color, parecido a la sangre. Júpiter era el dios supremo, señor del cielo y la tierra, mientras que Saturno era el dios de la agricultura. Urano tenía que llamarse Georgium Sidus en honor al rey inglés Jorge III, pero finalmente se le dio el nombre del antiguo dios del cielo. El planeta azul más lejano del sistema solar recibió el nombre del dios romano del mar, Neptuno.

Neptuno es famoso por sus vientos impetuosos que alcanzan velocidades de más de 2000 km/h. Hace mucho frío y, al igual que otros gigantes gaseosos, no muestra una superficie sólida. El planeta está compuesto en gran parte por gases congelados. En 1989, los científicos observaron en Neptuno una Gran Mancha Negra que se parecía a una tormenta. Curiosamente, este fenómeno desapareció con el tiempo, y aparecieron otros similares.

CURIOSIDADES

En China, hay unos 7000 aerogeneradores en el desierto de Gobi en la provincia de Gansu. El parque eólico más grande del mundo podría proporcionar electricidad a un país pequeño. Desafortunadamente, sus posibilidades aún no se aprovechan por completo.

El récord europeo de velocidad del viento lo batió Polonia, que, en 1990 registró una racha de viento de 354 km/h.

El récord español se registró en Izaña (Tenerife) en el año 2005: 248 km/h.

El tornado El Reno tuvo una extensión excepcional: el remolino tenía hasta 4,2 km de diámetro. Apareció en mayo de 2013 en Oklahoma, Estados Unidos.

El récord de velocidad del viento en la Tierra es de 408 km/h cuando el ciclón Olivia azotó la costa de la isla Barrow en Australia en 1996.

El primer vuelo en globo aerostático sobre el Atlántico duró menos de 32 horas. En 1987, el inglés Richard Branson y el sueco Per Lindstrand despegaron de las costas estadounidenses. Utilizando corrientes de aire, volaron a velocidades de más de 200 km/h y aterrizaron en Irlanda del Norte.

La peor tormenta de polvo jamás vista en Marte duró varios meses. En junio de 2018, el polvo oscureció densamente la luz del Sol y cubrió la superficie del planeta, inutilizando el *rover Opportunity,* que durante 15 años había enviado información e imágenes de Marte.

Las arañas planean con el viento, hasta tres kilómetros sobre el suelo, aferradas a sus hilos, que son unas mil veces más finos que un cabello humano. Para tejer su telaraña, la araña usa un hilo mucho más grueso.

En mayo de 2015, en Australia cayó una lluvia de arañas que llegaron con el viento. Sus telarañas lo cubrieron todo, como la nieve. Tres años antes, otras arañas se salvaron de una inundación soltando el hilo al viento y abandonando las áreas inundadas.

¿El lugar más ventoso del mundo? La zona de «Los 40 rugientes» y «Los 50 aulladores», en el océano Antártico. El viento sopla allí casi sin parar, alcanzando velocidades superiores a los 170 km/h. Forma olas tan altas como un edificio de varios pisos.

Los charranes árticos son unas de las mayores aves viajeras: recorren más de 30.000 kilómetros dos veces al año. Viven en una región circumpolar donde, como otras aves marinas, se alimentan de peces y camarones. Cuando se acerca el invierno, se desplazan al otro polo, donde empieza el verano. Esto les permite evitar la noche polar y disfrutar más del día polar, cuando el sol nunca se pone.

Título original: WIATR
Texto: Anna Skowrońska
Ilustración y diseño gráfico: Agata Dudek, Małgorzata Nowak / Acapulco Studio
Publicado originalmente por Muchomor, Varsovia
Copyright © Muchomor, 2020
Todos los derechos reservados

© de la traducción española:
EDITORIAL JUVENTUD, S. A., 2022
Provença, 101 - 08029 Barcelona
info@editorialjuventud.es / www.editorialjuventud.es
Traducción y adaptación de Karolina Jaszecka

Primera edición, septiembre de 2022

ISBN 978-84-261-4792-9
DL B 12577-2022
Núm de edición de E. J.: 14.166
Impreso en España - *Printed in Spain*
Alfara B3 Comunicació, Granollers (Barcelona)

Edición impresa en papel ecológico cuyo proceso de fabricación cumple con todas las normativas medioambientales.

 Esta publicación ha sido apoyada por el Programa de Traducción © POLAND